Wenn die roten Rosen
blühen...

Když kvetou rudé růže...

Gertie Hampel-Faltis

Gertie Hampel-Faltis

Wenn die roten Rosen blühen...

Když kvetou rudé růže...

Kurzgeschichten

Bibliografische Information der Deutschen Nationalbibliothek:
Die Deutsche Nationalbibliothek verzeichnet diese Publikation in der
Deutschen Nationalbibliografie; detaillierte bibliografische Daten
sind im Internet über http://dnb.dnb.de abrufbar.

© 2022, Beate Baron, Herausgeberin

Herstellung und Verlag: BoD – Books on Demand, Norderstedt

ISBN: 9783756856787

Inhaltsverzeichnis:

Mein Garten

Die roten Rosen blühen und Segelschwalben schließen mit grellem Jauchzen durch die blaue Sommerluft. Endlich, endlich ist wieder Sommer und da ist auch der Garten erwacht, langsam zunächst und mattem Grün verduftenden Schneeglöckchen und grüngeperlten Weidenruten.

Jetzt aber ist die leise Einleitung verklungen, jetzt fluten Farben, Töne, Düfte in voller sommerlicher Symphonie. Ein rosa und rot duftendes Meer von Rosen vor dem Fenster und dahinter steigt die dunkle Wand von Thuja auf und über diesen ragen hohe Linden; die sind hundert und mehr Jahre alt, in ihren hohlen Stämmen fand manch Bienenvolk, das sich dort einnistete, Sommers Wohnung und Winters Tod, so daß sich nun je eine Schichte Honig auf eines Bienenvolkes Leiche türmt. Immer aber wieder schmücken sich die betrügerischen Wirte mit Duft und Blüten, leuchten grüngolden im Sonnenschein und locken das leichtgläubige Volk in ihr hohes Zelt!

Überall ist es so! Im stillen Garten und draußen im Leben, das an den alten grauen Steinmauern vorbeiflutet, Sandsteinfiguren, die 7 Todsünden, drehen den Park den Rücken und wehren mit unbewegten Gesichtern dem hereindringenden Leben: bleibe draußen, sündiges Volk, hier herrscht Ruhe, Schönheit, ewige Macht. Wir kennen keine sozialen Vermischungen!

Dann sind die Wiesenflächen da, weit und sanft hingespannt zwischen den metallschimmernden Baumstämmen. Wiesen, auch tausend Grashalmen, Grashalme, wie sie Walt Whitman zu seinen hymnischen Gesängen begeisterten, feine grüne Dolche, die mit unerkannter Kraft die harte Erde durchbrechen, um sich Raum und Licht zu erringen. Zwischen ihnen die kleinen Heimatkinder: Gundermann, der heilsam sanfte Frauenmantel, und dann die stolzen Ausländer: Tulpen in Gruppen, Märzbecher, Krokus. Und in den Gebüschen schimmert Rittersporn, blau wie lichter Junihimmel, Eisenhut, pflichttreuschläft in den Winkeln eng und ernst im dunklen Grün. Alte Kastanien neigen breitblättrige Äste über den verwachsenen Weg. Tiefer Schatten schläft in den Winkeln, dort steht bleicher Schierling, schmächtige Farne und des Abends taumelnde Leuchtkäfer in dichtes Moos. Klingt nicht irgendwo Schumanns „Verwunschene Stelle" aus seinen Waldszenen?

In ein graues Sandsteinbecken fällt unaufhörlich des Springbrunnens heller Strahl. Die liebe klare Mettau zieht mit kleinen Wellen über bemooste Steine, zwischen alten Weiden durch den Garten. Wenn Hochsommerglanz das Wasser bernsteingold durchleuchtet, dann sieht man die Forellen mit lichten Flossen in weichen Wogen auf- und niedergleiten. Falter und Libellen blitzen über den kleinen Teich, hinüber zu den bunten Stauden, der brennenden Liebe, den Phlox, den Goldruten und Goldbällen. Trunken wird man von den jubelnden Farben, die jede eine leidenschaftliche Blumenseele zeigen, --von dem Glanz der fliegenden Edelsteine: Admiral, Ordensband, Pfauenauge! Und nirgends ein Ende der Wunder.

Nein, es ist unmöglich, sie alle nicht zu sehen, und doch zu lieben und zu verstehen! Die Schwertlilie am Teichrand, die vollen Heckenrosenbüsche, die Flut von Jasmin und Fliederdolden!

Innig mit jeder sind meine Gedanken und Freuden verwachsen. Sie alle leben mir, leben wie die hohen Bäume, unter deren weiten Kuppeln ich schon als kleines Ding mit süßer Hingabe an ihre Macht und Weisheit. Jeder Mensch schien mir einem Baum zu gleichen, einer der Buche, eine Freundin der Birke—nie aber waren mir Bäume Menschen. Ich empfand und verstand die Pflanzen, und wenn ich eines aus meiner Kindheit zurücksehne, so ist es jene tiefe Naturverbundenheit!

Heute noch ist dieser Garten im Großen unverändert, ich aber, die durch ihn gehe, bin eine andere geworden, nicht mehr scheint mir das Leben ein Strom, der an den Mauern draußen vorüberfließt- ich bin Ufer geworden, den Strom durch mich leitende, bin Achse um die Leben schwingt. Die alten Bäume rauschen, die vertrauten Sternbilder ziehen über den Kronen dahin, der Nachtwind flüstert leise. Wird einst mein Kind hier stehen und träumen, wie ich träumte von Prinzen und Pferden und Sternen? Wird es ein Herz haben für euch, ihr ewigen, stillen Mächte, die ihr als Tröster mein Leben beschirmtet?

Das Krankenlager

„Ich will Ihnen erzählen, wie mein Bild entstand!" sagte die Malerin. Wir blickten noch einmal lange auf das Bild hin, das im seltsamen Zwielicht von Abendsonne und verdeckter Seitenbeleuchtung magisches Leben annahm."

Meine beste Freundin war leidenschaftliche Reiterin und eines Tages bekam ich die telefonische Nachricht, dass sie bei einem Jagdritt gestürzt sei und mit gebrochener Wirbelsäule im Krankenhaus liege. Kein Grund zur Befürchtung, sagte man mir, aber für den lebensvollen sprühenden Menschen ein harte Geduldsprobe- 12 Wochen liegen und dann vielleicht nur mit Mühe wieder gehen lernen- An Reiten dachte niemand mehr. Ich wollte zu ihr. Mein ganzes Gefühl sagte mir, du musst ihr helfen, diese verzweifelten Stunden des Grübelns, der schlaflosen Nächte, die Ausgeburten an Zukunftsbildern ausbrüten würden, zu überwinden.

Damals waren wir einige eng befreundete und sehr verbundene Menschen, Freunde mit ihren Frauen und ich, die ihr alle gleich, aber jeder in besonderer Art nahestanden. Wir mieteten ein Auto und fuhren hin. Sie alle kennen die beklemmende Sauberkeit, die schon auf der Schwelle des Krankenhauses uns niederschmettert oder stärkt. Je nachdem, was wir zu erwarten haben. Ist es der saubere Carbolgeruch, die Nüchternheit der Stiegen, das gedämpfte Sprechen, die ernsten Gesichter, ich weiß nicht was.- Vom ersten Augenblicke des Eintrittes ins Krankenhaus war ich schmerzhaft offen. Den Eindrücken hilflos preisgegeben. Man führte uns in das Zimmer. Lachen Sie nicht, ich taumelte fast zurück, so entsetzlich fiel mir plötzlich die Schuld aufs Herz. Da stehst du, gesunder, kraftstrotzender Mensch und wagst es, dein Bild höhnisch diesem Menschen vorzuhalten, der da liegt, hilflos, zerschlagen, zerbrochen- dessen steter Gedanke ist: werde ich wieder leben können, leben wie die anderen, laufen, den Körper führen und fühlen, wie früher mit der gleichen Lust am Dasein? So sehr schämte ich mich meiner Gedankenlosigkeit und Rohheit, dass ich m ich hinter den anderen verkroch. Gottlob begannen die Frauen gleich ein lebhaftes Gespräch- wie es ginge, was zu tun sei? Und tausend Dinge, die ich kaum hörte.

Die Kranke und ich hatten uns begrüßt wie die anderen, und wie es ja immer ist, dass die Menschen, die sich besonders nahe stehen vor Zuhörern auch vor befreundeten Menschen, zurückhaltend zusammen reden, so hatten auch wir kein verräterisches Wort gewechselt. Ich durfte nichts merken lassen von meinen Gedanken, ich durfte sie nicht einmal denken, sonst hätte die Freundin sie ja gefühlt. So setzte ich mich abseits und versuchte mich durch die Augen abzulenken. Und nun geschah mir etwas so Entsetzliches und deutlich von meinem normalen Willen, Denken und Empfinden Verschiedenes, dass ich es kaum in Worten schildern kann.

Denken Sie sich z.B., Sie leben in einem Apfel, Sie sehen, wie rund, rot und voll strotzender Fülle er in einer braunen Hand oder einer Schüssel liegt- das ist ein Bild- ein geschautes Bild—nennen Sie es, wie Sie wollen. Ich sehe den Apfel gleichzeitig am Boden liegen auf feuchter, schwarzer Erde. Kleine Schnecken kleben an seiner wachsglänzenden Schale und braune hässliche Flecken zerfressen seine Haut.

Es mag eine schreckliche Gabe sein, das zweite Gesicht zu haben, es ist ebenso schrecklich, diese zeitlose Klarsichtigkeit in Gedanken zu fühlen. Seitdem achte ich auf solche Augenblicke. Da geschieht es mir oft, dass ich in Gesellschaft einen Menschen zum ersten Mal begegne, wir blicken uns konventionell ins Gesicht und plötzlich durchzückt mich Gewissheit; So wird er in meinen Armen liegen, wir werden uns küssen und gehören und dann wird's zu Ende gehen---vorbei. Keine Erlösung, nur Bemühen um Einsicht.

Sehen Sie, so ähnlich ist das also--- man weiß plötzlich! Aber auch das ist zu viel gesagt, denn man glaubt diesem inneren Gesicht nicht, man lacht sich aus und denkt: Gedankenspielerei! Aber es gibt Augenblicke, in denen sich der Vorhang ein bisschen beiseiteschiebt und wir schauen ins Zukünftige--- nur gottlob wissen wir das nicht.

Ich saß also hinter den anderen neben dem Krankenbett. Das Bett stand quer ins Zimmer hinein (die Betten waren ungewöhnlich hoch, damit die Pflegeschwestern durch unnötiges Bücken nicht ermüdet werden) und die Kranke war hochgelagert, wie aufgebahrt auf den geometrisch starren Matratzen. Da sie nur am Rücken liegen konnte, sah ich von unten herauf ihr Profil, rund geschwungene Stirn, männliche Nase und weichen, vollen Mund über dem zarten Kinn, die Schultern luft- und sonnenbraun, waren bloß und die dichten braunen Haare lagen wie vom Wind zerzaust um den vertrauten Kopf. Wie oft hatte ich sie so gesehen! In dem ganzen Gesicht aber lag jetzt plötzlich etwas so Kindliches, die Bäckchen waren rot wie immer, aber die Augen hatten einen unruhigen, feuchten Blick, er flatterte im Zimmer herum und konnte keine Ruhe finden. Die Lippen liefen und lachten und plauderten. Darüber, wie eine dünne Schale, so weh tat mir das alles. Niemand, am wenigsten sie selbst, wollte eingestehen, wie gedrückt wir alle waren und welcher traurige Grund uns zusammengeführt hatte. Wie eine düstere Schlucht gähnte es unter dem Raum. Darüber, wie eine dünne Schale bauten alle Lachen, Gesprächigkeit und hielten nicht einen Augenblick in dem traurigen Bemühen inne, den Abgrund zu verdecken. So entstanden eine krampfhafte Unruhe und Lebhaftigkeit, die mich immer trostloser machte. Ich sehnte mich mit den Blicken auf ihren Händen zu ruhen und sah den schlanken Arm hinunter. Vom Ellenbogen an war die Haut blass und die Hand leuchtete schon fast elfenbeinern. Die langen Finger sahen kalt und knöchern aus, -- ich musste sie anfühlen—sie waren lau und lebendig, ich fühlte ihren Gegendruck. Wie oft haben diese Arme stärkstes Leben gehalten, wie oft hatte dieser kraftvolle Körper in Liebe und Lust gebebt--- dachte ich. Den Gedanken schon verjagend als er kam. Alles wird wieder sein! tröstete ich mich und meine Augen suchten weiter. Der Körper lag unter der Decke gestreckt, wie eine Feder gespannt auf dem Gipsbett, das sah beängstigend aus.

Indessen hatten sich die Frauen auf die Lehnen des Sessels gesetzt, um besser der Kranken Gesicht zu sehen, denn sie konnte ja den Kopf nicht beugen oder wenden, und sprachen mit ihr. Auf der anderen Seite des Bettes saß ihr Freund, auch sein Gesicht hatte plötzlich einen asketischen Ausdruck, seine dunkle Stimme klang sanft und vorsichtig wie Balsam, wie duftendes Öl floss es über uns weg, uns in geisterhafte Verzauberung werfend. Die graue ungemusterte Wand hob die Strenge, den tödlichen Ernst dieses Raumes noch doppelt hervor und wie auf dem Goldgrund eines alten Bildes trat blitzartig das Symbolische und Gleichnishafte des menschlichen Lebens aus dem Rahmen des Sichtbarens.

Ich schloss die Augen vor der Vision--- „Wenn ich die Augen wieder aufmache," dachte ich mir, „ist alles verwandelt. Die andere Seite des Lebens ist der Tod und sein Schicksal erspart uns das: so zu liegen am Totenlager eines geliebten Menschen. Wie mit einem Schwamm wird das Leben fortgelöscht, es bleibt das tiefe Bild, das Starre des Todes."

Von den folgenden Vorgängen kann ich Ihnen nicht erzählen, es ist mir halt nichts in Erinnerung geblieben. Ich weiß nur, dass ich mich noch in derselben Nacht nach der Heimkehr ins Atelier, von Schauern geschüttelt zur Staffelei stellte und das Bild malte, dass Sie so packt und erstaunt--- „Das Krankenlager". In 7 Tagen, von Zweifeln und Ahnungen erfüllt, aber geführt von höheren Mächten habe ich es vollendet."

Ein Spaziergang im Riesengebirge

Augusttage wie früher Herbst: tau weiß die grünen Berghänge, rote Ebereschen, fahles Getreide-. Eng ist das Tal des Riesengrundes; kleine graue Holzhäuser kleben hoch an den Bergrändern, schmale Wege steigen linealgerade zu ihnen hinauf, Holunderbüsche drängen sich über den Lattenzaun. Wir gehen den breiteren Touristenweg zur Schneekoppe hinauf- Hand in Hand-fröhliches, leichtes, sorgenloses Wandern! Oben am Himmel die jagenden weißen Wolken, dann tiefstrahlendes Blau und gleißende Sonne. Ein goldklares Wasser klingt über runde Steine neben uns. Kühl, klar ist die Luft—irgendwo schreit ein Häher—wie leicht und fröhlich ist das Herz!

Wald, grünblauer Schatten, Moos und Feuchtigkeit. Aber je höher wir steigen, umso mehr lichtet es sich um uns. Jetzt sind die Fichten nur noch verkrüppelt, sturmzerzaust, klein und spärlich, noch zehn Schritte und sie bleiben zurück. Häuser,- so tief, so spielzeugklein- eingebettet in die unermessliche Fläche der samtdunklen Wälder. Die fallen an den steilen Berglehnen hinab, kriechen empor an dem violetten Geröll bis an die fahlen Hochgebirgswiesen. Auf den Wegen ziehen kleine Menschengestalten wie Käfer emsig bergauf, bergab—mit Geschwätz und Geschrei---Hier oben heben sich unberührt die Felsen, ragen schweigend in den ewigen Himmel, das Licht und die Einsamkeit des Sturmes!

Wie klein sind noch vor zwei Stunden mein Wünschen und Sehnen gewesen! Hier oben schwindet das Einzelgeschöpf— die Welt spricht. Gilt mein Einzelleben nicht ebenso wenig im Strom des Daseins, wie hier oben die Jahre und ihre Zeiten den Riesenbergen? Ich lerne Bescheidenheit. O ihr Talmenschen, lasst Überschätzung und Wichtigfühlen, ihr könnt es nicht erjagen, so ihr nicht in euch die Gewissheit habt! Fröhlich und unbeschwert, in dünner, klarer Luft über der Talenge, o Leben des Gottesgeschöpfes—Wo aber in Stadt und Land lebt ihr jetzt so? Ewig klein im Dumpfen verkettet, kann sich der Unfreie niemals erheben.

Glocken, das gelb der Arnika1 Das letzte Wegstück ist nur noch Klettern über Geröll und Steine, dann liegt der Koppenplan und der weite Kamm unter uns. Viele Wege ziehen weiße Bahnen—es könnte eine Riesenschnecke spurenziehend hinüber und herübergekrochen sein.

Ach, dünne Luft, wie machst du mein Herz unruhevoll und ängstlich, dass ich wiederum mit jähem Erschauern des Todes und Abschied denken muss! Abschied von allem, was ich gewann, das mein wurde und dem ich mich vereinte—bitterer Abschied, den ich lebenslang erdulden muss.

Kein Besitz ist so fest, dass er der Zeit trotzt. Aufdämmert mir die Erkenntnis der Unmöglichkeit, die gewonnene Seele halten zu können, sie entgleitet, ein Strom, ein Wind entreißt sie. Schöne leuchtende Stunden, Tage steigen auf, rufen um Wiedergeburt--- unmöglich. Tiefes Leben in uns ringt mit dem öden Tode der Fäulnis, des langsamen Erstickens. ---Leben i s t nicht zu halten. Liebe aber ist tiefstes Leben, ist aufgebrochene Gewissheit, Klarheit, ist Besitz. Dringen wir bis zu diesem tiefen Punkte vor, so wird uns sogleich mit der Erkenntnis auch der Schmerz des Verzichten müssens!

Ist dumpfes Nichtwissen, Halbtraum besser als klarer Besitz und Schmerz?

Raubvogelgeschrei durchschneidet die Luft—in meinen Sinnen herein tönend als ewige Bejahung alles Lebens! Ah— fröhliche Gewissheit, Auge um Auge dem Ewigen, bereit im Kampfe zu fallen----Groß und stark und ewig ist das grausame Leben.

U nemocničního lůžka

„Nechci mluvit o tom, jak vznikl můj obraz!" řekla malířka. Znovu jsme se dlouze zadívali na obraz, který v přítmí večerního slunce a v nepřímém osvětlení ožil magickým životem.

Má nejlepší přítelkyně byla vášnivá jezdkyně a já jsem jednoho dne dostala telefonem zprávu, že při jedné lovecké vyjížďce spadla z koně a leží se zlomenou páteří v nemocnici. Není důvod se obávat, říkali mi, ale pro člověka překypujícího životem je to tvrdá zkouška trpělivosti – 12 týdnů ležet a pak se snad strastiplně znovu učit chodit. Na jezdectví už nikdo ani nepomyslel. Chtěla jsem za ní. Cítila jsem celým svým nitrem, že jí musím pomoct překonat zoufalé hodiny přemítání a bezesné noci, jež plodí obrazy budoucnosti.

Bylo nás tehdy několik blízkých lidí, přátel s jejich manželkami a já, a všichni jsme k ní měli niterný vztah, i když každý svým vlastním způsobem. Pronajali jsme si auto a vydali jsme se za ní. Všichni známe onu tísnivou čistotu, jež nás hned na prahu nemocnice buď smete nebo posílí. To záleží na tom, co nás očekává. Je to onen čistý pach karbolu, střízlivost schodišť, tlumený hovor, vážné tváře a kdo ví co všechno. Od prvního okamžiku, kdy jsem vkročila do nemocnice, jsem byla bolestně otevřená. Bezmocně vystavená dojmům. Zavedli nás do pokoje. Nesmějte se, ale já jsem se málem zapotácela, tak hrozně mi najednou na srdce dolehl pocit viny. Stojíš tu, zdravý, silou oplývající člověk a opovážlivě vystavuješ svůj zjev tomuto člověku, který tu leží, bezmocný, zbitý, zlomený – který nemyslí na nic jiného, než že už nikdy nebude moct žít, žít jako ostatní, chodit, ovládat a cítit své tělo, jako dřív, se stejnou chutí být? Tak moc jsem se styděla za svou nerozvážnost a necitlivost, že jsem se raději schovala za ostatní. Chválabohu, že se ženy hned daly do živého hovoru – jak se daří, co je zapotřebí udělat? A tisíc věcí, které jsem sotva slyšela.

Pacientka se se mnou pozdravila jako s ostatními a jak už to bývá u lidí, kteří si jsou hodně blízcí, že spolu před posluchači, ale i před spřátelenými lidmi mluví zdrženlivě, tak jsme ani my nevyměnily slova, které by nás prozradilo. Nesměla jsem na sobě dát znát nic ze svých myšlenek, nesměla jsem na ně ani pomyslet, jinak by to kamarádka vycítila. Posadila jsem se proto stranou a snažila se odpoutat svou pozornost očima. Když vtom se mi stalo něco tak hrozného a vzdáleného mé normální vůli, myšlení a cítění, že to dokážu slovy sotva popsat.

Představte si třeba, že žijete v jablíčku, že vidíte, jak leží kulaté, červené a oplývající dostatkem ve snědé dlani nebo v míse – to je obraz, zažitý obraz – říkejte tomu, jak chcete. Vidím to jablíčko zároveň ležet i na zemi, na vlhké, černé zemi. Na jeho slupce, která se leskne jako vosk, lepí drobní plži a ošklivé hnědé skvrny rozežírají jeho povrch. Je to takový strašný dar mít druhou tvář, je to zrovna tak strašné jako cítit v myšlenkách onu nadčasovou jasnozřivost. Od té doby si těchto okamžiků všímám. Často se mi stává, že se ve společnosti poprvé setkám s nějakým člověkem, pohlédneme si konvenčně do tváře a najednou mnou projede jistota: takto mi bude ležet v náručí, budeme se líbat a vzájemně si patřit a pak to všechno skončí — bude to pryč. Žádné vysvobození, jen snaha to pochopit.

Víte, takové to asi je — člověk to najednou ví! Ale je to trochu přehnané, protože člověk této vnitřní tváři nevěří, jen se tomu směje a myslí si: Je to jen hra myšlenek! Jsou to však okamžiky, v nichž se opona trochu poodhrne a my pohlédneme do budoucnosti — jen o tom bohudík nevíme. Seděla jsem tedy za ostatními u nemocničního lůžka. Lůžko stálo napříč směrem do místnosti (postele to byly nezvykle vysoké, aby se zdravotní sestry nemusely namáhat zbytečným ohýbáním) a pacientka byla uložená v sedě, jako by ležela na márách na geometricky strnulých matracích. Protože mohla ležet jen na zádech, pohlížela jsem zezdola na její profil, na její zaoblené čelo, mužný nos a hebké plné rty nad jemnou bradou, obnažené paže ožehnuté vzduchem a sluncem a husté hnědé vlasy, rozprostřené kolem její důvěrně známé hlavy jakoby od větru rozcuchané. Jak často jsem ji již takto viděla! V celé její tváři však teď spočívalo něco tak dětského, její tváře byly červené jako vždy, ale oči měly neklidný, vlahý pohled, který poletoval po místnosti a nemohl najít klid. Ústa se jí nezastavila, smála se a povídala. Nad tím jakási tenká slupka, tak moc mě to všechno bolelo. Nikdo, a už vůbec ne ona sama, si nechtěl připustit, jak sklíčení všichni jsme a jaký to žalostný důvod nás svedl dohromady. Zel pod místností jako jakási temná soutěska. Nad ní všichni tvořili tenkou slupku smíchu a hovornosti a ani na okamžik neustávali v žalostné snaze zakrýt tuto propast. Vznikal tak křečovitý neklid a živost, které mě činily stále zoufalejší. Toužila jsem spočinout pohledy na jejích rukou a sjížděla jsem očima po její štíhlé paži. Od loktů níže byla její kůže bledá a ruka svítila již takřka jako slonovina. Její dlouhé prsty vypadaly chladně a kostnatě – chtěla jsem na ně sáhnout – byly vlahé a živé, cítila jsem jejich stisk. Kolikrát tyto paže držely ten nejsilnější život, kolikrát se toto tělo plné síly zachvívalo láskou a chtíčem — pomyslela jsem si. Myšlenky jsem však zaháněla, jakmile se objevily. To všechno se zase vrátí! Utěšovala jsem se a mé oči hledaly dál. Tělo leželo natažené pod dekou, bylo napnuté jako péro na sádrovém lůžku, nahánělo to strach.

Ženy se mezitím usadily na opěradlech křesla, aby pacientce viděly lépe do tváře, protože ta nemohla sklonit hlavu ani ji pootočit, a povídaly si s ní. Na druhé straně lůžka seděl její přítel, i jeho tvář měla najednou asketický výraz, jeho hluboký hlas zněl něžně a opatrně jako balzám, tekl nad námi jako vonný olej a uváděl nás v hrůzostrašné omámení. Šedá stěna bez vzoru ještě znásobovala strohost, smrtelnou vážnost místnosti a jako na zlatém podloží starého obrazu vystoupila z rámu viditelnosti rychlostí blesku symboličnost a podobenství lidského života.
Zavřela jsem před touto vizí oči: „Až je zase otevřu,“ pomyslela jsem si, „bude všechno jinak. Druhou stranou života je smrt a její osud nás ušetří toho, abychom takto leželi u smrtelné postele milovaného člověka. Život uhasne, jako by

ho někdo setřel houbou, zůstane jen hluboký obraz, strnulost smrti."

O tom, co bylo dál, vám vyprávět nemůžu, nic z toho mi v paměti neutkvělo. Vím jen, že jsem se ještě téže noci po návratu domů postavila do ateliéru celá roztřesená a namalovala jsem obraz – „U nemocničního lůžka". Po sedmi dnech, naplněna pochybnostmi a tušením, avšak vedena vyšší moci, jsem ho dokončila

Procházka po Krkonoších

Srpnové dny jako raný podzim: zelené stráně pokryté jinovatkou, červené jeřáby, vybledlé obilí.

Úzké je údolí mezi krkonošskými kopci, malé dřevěné domky lepí nahoře na okraji hor, jako podle pravítka se k nim nahoru pnou úzké stezky, bezové keře překypují přes laťkový plot. Stoupáme po širší turistické stezce nahoru na Sněžku – ruku v ruce, radostnou, lehkou, bezstarostnou horskou túrou! Nahoře se po nebi honí bílé mraky, pak je vystřídá hluboce zářivá modř a třpytivé slunce. Zlatavě jasná voda zurčí přes kulaté kameny vedle nás. Vzduch je chladný a jasný – někde zakřičí sojka – jak lehko a radostně nám je u srdce!

Les, zelenomodrý stín, mech a vláha. Ale čím výše stoupáme, tím více se naše okolí prosvětluje. Smrky už tu jsou jen zakrslé, pocuchané od vichřic, malé a nicotné, ještě deset kroků a zůstávají za námi. Domky, hluboko dole, zanořené jako hračky do nedozírných ploch sametově tmavých lesů. Ty se svažují po prudkých horských stráních, plazí se vzhůru po fialových sutinách až k bledým vysokohorským loukám. Po stezkách horlivě pospíchají drobné lidské postavičky jako brouci nahoru do kopce a dolů do údolí – tlachají a pokřikují. Tady nahoře se zvedají skály, mlčky se tyčí do věčného nebe, světlo a samota bouře!

Ještě před dvěma hodinami byly mé přání a tužby dočista malé! Tady nahoře se vytrácí lidské individuum – tady promlouvá svět. Není můj individuální život v proudu bytí stejně nicotný jako je tady nahoře pro horské velikány čas? Učím se skromnosti. Ó údolní lidé, zanechte přeceňování a pocitu důležitosti, nemůžete jich dosáhnout, nemáte-li v sobě jistotu! Vesele a bezstarostně, v řídkém jasném vzduchu přes úžlabinu, ó, živote božího stvoření. — Jenže kde ve městě a na venkově teď asi tak žijete? Věčně mrzký, spoutaný v otupělosti se nesvobodný člověk nedokáže nikdy pozvednout.

Zvonky, žluť arniky. Poslední kus cesty je už jen šplhání přes suť a kamení, pak už jen přejít přes Koppenplan (dnes Równia pod Śnieżką – pozn. překl.) a dlouhý hřeben pod námi. Spousta stezek se line v bílých liniích – možná se tudy sunul obří šnek a zanechal za sebou stopu. Ach, řídký vzduchu, jak zneklidňuješ moje srdce a přivozuješ mu úzkost, že pak musím v nenadálém záchvěvu smrti myslet na loučení! Rozloučení se vším, co jsem získala, co se stalo mým a s čím jsem se sjednotila – trpké loučení, které budu muset vytrpět.

Žádné vlastnictví není tak pevné, aby dokázalo vzdorovat času. Svitne ve mně jiskra poznání, že duši, kterou jsem získala, není možné udržet, vyklouzne mi, odnese ji proud či vítr. Krásné zářné hodiny, dny stoupají, volají po znovuzrození — nemožné. Hluboký život v nás bojuje s pustou smrtí hniloby, s pomalým udušením. — Život nelze zadržet. Avšak láska je nejhlubší život, je to porušená jistota, jasnost, je to vlastnictví. Pronikneme-li až do tohoto hlubokého bodu, pak s poznáním zároveň přichází i bolest z nutnosti zříci se! Je tupá nevědomost, polosen lepší než jasné vlastnictví a bolest?

Křik dravých ptáků prořízne vzduch — v mých smyslech zaznívá jako věčné potvrzení veškerého života! Ach — radostná jistota, oko za oko věčnému, připraveni padnout v boji – velký a silný a věčný je krutý život.

Moje zahrada   Teplice nad Metují, 1935

Rozkvétají rudé růže a rorýsi se za pronikavého výskotu řítí modrým letním vzduchem. Konečně, konečně je tu zase léto, a tak se zahrada také probudila, zpočátku pomalu a v matné zeleni vyčichávají sněženky a vrbové pruty, osázené zelenými perlami.

Nyní se ale tichý prolog vytratil, teď se barvy, zvuky, vůně rozlévají v plné letní symfonii. Před oknem a za ním růžové a rudé voňavé moře růží a za ním vystupuje tmavá stěna tújí a nad ní vyčnívají vysoké lípy; jsou stoleté a ještě starší, mnohá včelstva, která tam uhnízdila, našla v jejích dutých kmenech letní domov a zimní smrt, takže se nyní na každém mrtvém včelstvu vrší vrstva medu. Avšak znovu a znovu se lstiví hostitelé zdobí vůněmi a květy, září na slunci zelenozlatě a lákají lehkovážná včelstva do jejich vysokého stanu!

Je to tak všude! V tiché zahradě a venku v životě, který plyne kolem starých šedavých kamenných zdí, na nich se pískovcové postavy, 7 smrtelných hříchů, obracejí zády k parku a vzdorují netečnými tvářemi sem pronikajícímu životu: zůstaň venku, hříšný lide, tady panuje klid, krása, věčná moc. Neznáme žádnou sociální družnost!

Pak jsou tu louky, rozprostřené do šířky a jemně natažené mezi kovově blyštivými kmeny stromů. Louky, ba tisíc stébel trávy, stébla trávy jako ta, která inspirovala Walta Whitmana ke zpěvu jeho hymnů, jemné zelené dýky, které nezměrnou silou prorážejí tvrdou zem, aby si vydobyly prostor a světlo. Mezi nimi malé domorodé děti: popenec, léčivý, jemný kontryhel, a pak hrdí cizinci: tulipány ve skupinách, bledule, krokusy. A v houští se třpytí stračky, zářící jako blankytně modrá červnová obloha, oměj poslušně dřímá namačkán v koutech a přimyká se temné zeleni. Staré kaštany naklánějí širokolisté větve přes zarostlou cestu. V rozích pospávají temné stíny, tam stojí bledý bolehlav, štíhlé kapradí a světlušky s večerem vrávorají v hustém mechu. Nezazní někde Schumannovo „Začarované místo" z jeho Lesních scén?

Do šedé pískovcové kašny neustále padá světlý proud fontány. Půvabná, čirá Metuje plyne s malými vlnkami po mechem porostlých kamenech zahradou mezi starými vrbami. Když parné léto prosvítá vodu jantarovým zlatem, můžeme vidět pstruha se světlými ploutvemi, jak klouže nahoru a dolů v měkkých vlnkách. Motýli a vážky se míhají nad malým jezírkem směrem k pestrobarevným trvalkám, kohoutku, floxu, zlatobýlu a třapatkám. Člověk se opájí jásavými barvami, z nichž každá ukazuje náruživou květinovou duši – z glancu poletujících drahokamů: babočky admirál, stužkonosky, babočky paví oko! A zázrakům není nikde konec.

Ne, není možné je všechny vidět, ale přesto je chci milovat a rozumět jim! Kosatci na okraji jezírka, plným keřům divokých růží, záplavě jasmínu a šeříku!

Moje myšlenky a radosti se se všemi důvěrně prolínají. Všichni žijí pro mě, žijí jako vysoké stromy, pod jejichž širokými kopulemi jsem se jako maličká sladce oddávala jejich síle a moudrosti. Každý člověk mi připadal jako strom, jako jeden z buků, který byl přítelem břízy – ale stromy pro mne nikdy nebyly člověkem. Rostliny jsem vnímala a chápala, a jestli je něco, po čem od dětství toužím, pak je to hluboké spojení s přírodou!

Ještě dnes zůstala tato zahrada z velké části nezměněná, ale já, když jí procházím, jsem se stala někým jiným, život mi už nepřipadá jako vodní proud, který teče venku podél zdí – stala jsem se břehem, usměrňující vodní proud skrze mne, jsem osa, kolem které se vine život. Staré stromy šumí, důvěrná souhvězdí kloužou nad korunami, noční vítr tiše šeptá. Bude tu jednou moje dítě stát a snít tak, jak jsem já snila o princích a koních a hvězdách? Bude mít pro vás srdce, vy věční, tiší vládci, vy, kteří jako utěšitelé chráníte můj život?